DEUX OUVRIERS

DE LA PREMIÈRE HEURE

In-8º 5e série.

Bienheureux celui qui a l'intelligence du pauvre et de l'indigent....

DEUX OUVRIERS

DE LA PREMIÈRE HEURE

PAR

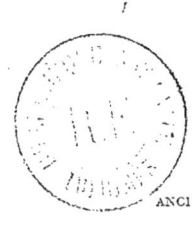

A. PELLISSIER

ANCIEN ÉLÈVE DE L'ÉCOLE NORMALE SUPÉRIEURE

AGRÉGÉ DE PHILOSOPHIE

PROFESSEUR DE L'UNIVERSITÉ

HONORÉ D'UN PRIX MONTYON EN 1885

PAR L'ACADÉMIE FRANÇAISE

PARIS

rue des Saints-Pères, 30

J. LEFORT, IMPRIMEUR, ÉDITEUR

rue Charles de Muyssart, 24

LILLE

Propriété et droit de traduction réservés.

INTRODUCTION

Les deux souvenirs qui sont ici réunis sous un titre commun présentent à la réflexion des analogies et des différences également instructives. Une même édification en ressort avec beaucoup de force et de vivacité; mais le charme pénétrant et la puissante originalité se rencontrent tout entiers dans le plus humble de ces deux modèles : d'un côté, la charité a plus de munificence; de l'autre, elle touche à la sainteté.

Loin de moi la pensée d'établir un antagonisme, un conflit et une lutte entre deux serviteurs dévoués de la charité chrétienne. Ces deux apôtres de la religion repousseraient avec la même humilité la palme triomphale que leur décernerait une admiration malencontreuse. Aimons-les, admirons-les tous les deux, prenons-les tous les deux pour modèles, c'est la manière la plus heureuse de les louer.

Cependant, comme la Providence a mis entre ces deux

hommes des différences frappantes d'origine, de condition et de destinée : un parallèle instructif s'impose à notre jugement, et, dans l'intérêt même de notre édification morale, nous devons signaler quelques différences.

Le chrétien qui est né dans une condition bourgeoise, qui a reçu une éducation libérale, et qui dans la carrière du commerce a rencontré des circonstances assez favorables pour arriver par quinze années de travail à une véritable opulence, celui-là n'a pas eu besoin de la même énergie et des mêmes efforts de volonté que le chrétien qui, né dans l'indigence, a péniblement gagné son pain de chaque jour, et pendant une existence de plus de soixante années, est resté dans l'humble condition où Dieu l'avait fait naître.

Sans doute, il est beau de reporter à Dieu en bénédictions et en reconnaissance la fortune noblement acquise et d'en faire profiter les pauvres; mais ces libéralités sont comme l'efflorescence généreuse d'une existence personnelle très opulente, et c'est d'un hôtel somptueux que le riche sort pour aller porter à l'indigent son offrande magnifique. S'il a une lutte à soutenir, c'est contre les entraînements de l'égoïsme et de l'orgueil, non contre les obscures et sombres misères d'une existence besogneuse.

Jaillissant du sein de la prospérité, un blasphème contre Dieu serait deux fois sacrilège, et la générosité envers le prochain est pour le riche l'acquittement d'une dette contractée envers Celui qui dispense toutes les prospérités.

Donner, donner avec largesse, c'est comme un épanouissement naturel et un complément de sa fortune, c'est un bonheur ajouté par surcroît à tant d'autres bonheurs. Vu des fenêtres d'un salon luxueux, l'aspect de la misère et du dénûment serait une souffrance et une blessure; il n'y a que le mauvais riche qui demeure insensible aux infortunes de Lazare dont les chiens mêmes viennent lécher les ulcères.

Mais le pauvre qui ne sait pas ce que c'est que le superflu; le pauvre, prenant sur son nécessaire pour faire la charité à plus pauvre que lui; l'ouvrier, qu'un chômage ou une maladie peut jeter sur la paille, ne connaissant la prière que comme un acte de reconnaissance envers Dieu, qui lui fait de son amour une cuirasse contre tous les découragements; l'indigent qui, chaque matin, doit reprendre ce rocher de Sisyphe du labeur quotidien, pour remonter sans cesse une pente abrupte sous le poids du jour, du soleil et de son éternel fardeau; ah! celui-là, quand il ne connaît le découragement que pour en triompher, quand il donne l'exemple ignoré de son humilité, de sa charité, de sa soumission à Dieu, celui-là n'est-il pas tout près de la perfection chrétienne; le nom de saint ne vient-il pas naturellement sur nos lèvres pour honorer cette existence qui n'est qu'un long *martyre, martyre volontaire, martyre accepté avec joie, martyre poursuivi avec sérénité, dans les conditions extérieures qui en doublent chaque jour le mérite et la gloire.*

L'indigent humble, charitable, pieux, sacrifiant tout ce qu'il a, et tout ce qu'il peut, à Dieu et à son prochain, ne mérite-t-il pas la récompense promise par l'Évangile : « *les derniers seront les premiers.* »

En un mot, par un merveilleux privilège de la pauvreté, ce n'est pas au riche, ce n'est pas à celui qui de son luxe et de son opulence tire généreusement la part des malheureux, c'est au pauvre qui suit dans la vie chrétienne l'âpre sentier de la pauvreté, c'est à l'indigent que s'applique volontiers le titre glorieux de saint. Du riche les largesses sont généreuses; du pauvre la charité est sainte.

CHARDON-LAGACHE

CHARDON-LAGACHE

1807-1879

I

Au commencement de ce siècle, Auteuil n'était encore qu'un petit village des environs de Paris assez semblable à celui que Boileau, Molière et La Fontaine aimaient tant. Dans une maigre population de quinze cents à deux mille paysans, vivant de la vente de leurs fruits et de leurs légumes, quelques maisons de campagne, étagées sur la pente du coteau qui descend vers la Seine, apportaient pendant quatre mois de l'année la vie et le mouvement. Mais, l'hiver revenu, le petit village rentrait dans le calme et la solitude, car il était séparé, par un long chemin, de Paris : Paris finissait alors à ce qui est aujourd'hui la place de la Madeleine.

Avec le curé, dont il était l'ami et près duquel il demeurait, la providence du petit village était un médecin que recommandait une infatigable bienveillance. Le docteur Chardon, natif de Lyon, habitait avec sa femme, dans la rue Molière, une maison qui est aujourd'hui le n° 4 de la rue d'Auteuil.

Ce modeste et simple ménage se faisait remarquer par son ardeur à pratiquer les devoirs de la charité. La reconnaissance de ses clients avait de bonne heure décerné à M. Chardon le titre de *médecin des pauvres*, et il était impossible de prendre plus au sérieux ce titre et ces fonctions. Mais l'estime publique ne séparait pas la femme de son mari : alerte et intelligente autant que dévouée au bien, Mme Chardon, une frêle créature, était l'auxiliaire assidue de son mari.

A défaut de pharmacien, elle préparait les médicaments prescrits par le docteur, elle les portait aux indigents, elle en montrait l'emploi aux plus inexpérimentés, elle en surveillait les effets ; puis, toutes les fois qu'elle remarquait dans la cabane un dénûment dont son cœur s'affligeait, sans plus ample informé, elle apportait le linge ou les effets indispensables, et les déposait sans rien dire sur la table de ses pauvres clients.

Quand son mari était appelé pendant la nuit

pour aller, à travers les champs ou les vignes, porter ses secours à quelque chaumière éloignée, c'était elle qui prenait soin de le couvrir solidement contre le froid, de lui mettre en main sa lanterne et sa canne; enfin, de lui imposer doucement toutes les précautions propres à conserver cette précieuse existence.

En l'absence du docteur, celui-ci venait-il à être réclamé par une femme qui ne pouvait attendre, Mme Chardon s'empressait de le suppléer; on la voyait alors partir avec quelques serviettes dans un petit panier; et souvent, quand le docteur arrivait près de la malade, il n'avait plus qu'à féliciter la sage-femme improvisée qui l'avait précédé, d'avoir si bien fait sa besogne. D'ailleurs, le lendemain, le médecin revenait voir la malade, et quand il le jugeait à propos, il lui apportait un pot-au-feu, dont le bouillon devait aider à son rétablissement.

Ainsi la passion du dévouement était commune à ces deux nobles âmes; ainsi elles considéraient la fatigue, les nuits passées, les dangers mêmes comme une faveur du Ciel, qui demande beaucoup à ceux qu'il aime beaucoup.

Ce fut de ce ménage modèle, ce fut dans cette petite maison bénie de Dieu que naquit, le 6 avril 1807, l'enfant qui devint Chardon-Lagache : le berceau d'un pieux bienfaiteur de l'humanité ne pouvait être mieux placé que dans cette pieuse demeure.

Baptisé, à Notre-Dame d'Auteuil, sous les noms de Pierre-Auguste-Marie-Alfred, l'enfant grandit dans un intérieur plus que modeste : le dévouement du docteur pour des clients qui le payaient rarement, lui rapportait plus de bénédictions que de profits.... De plus, les malheurs de l'occupation de 1815 et le séjour prolongé des soldats étrangers dans la petite maison d'Auteuil réduisirent le pauvre ménage à une telle gêne, qu'il fallut congédier une servante qui avait vieilli dans la famille.

Cependant, après leur éducation primaire, Alfred et son frère Alphonse furent placés au lycée Louis-le-Grand ; mais bientôt, faute de pouvoir subvenir à de telles dépenses, on décida que, seul, l'aîné continuerait ses études en vue de succéder à son père, tandis que le plus jeune entrerait dans le commerce. Ce fut donc dès l'âge de quatorze ans que commença pour celui-ci, en 1821, la vie des affaires.

Les débuts du jeune Alfred furent sévères, mais significatifs ; il fit son apprentissage commercial chez un petit mercier de la rue de Beaune, où les commis remplissaient l'office de garçons de peine et devaient tour à tour balayer et laver la boutique. Sa seule distraction était, après une longue semaine de labeur, l'après-midi du dimanche passé à Auteuil, auprès du foyer paternel.

Telle fut l'activité intelligente du jeune commis, qu'au bout de trois mois son patron refusa de recevoir le complément de la pension convenue, disant avec loyauté que cet enfant lui rendait de véritables services et que c'était à lui plutôt d'appointer un tel commis.

Ce fut dans les rares et précieuses visites du dimanche à Auteuil qu'Alfred vit et aima la fille d'une amie de sa famille. Mlle Pauline Lagache, dont la mère, retirée du commerce avec une petite fortune, apprécia si bien les qualités du jeune homme, qu'elle ne craignit pas de confier à un enfant de vingt-trois ans une jeune fille de seize ans. Quelle fête charmante pour Notre-Dame d'Auteuil, quand, le 28 juillet 1831, fut célébré cet heureux mariage! Alfred reçut de son père dix mille francs de dot, Mlle Pauline en recevait vingt mille, et Mme Lagache commanditait son gendre pour vingt mille autres francs.

Tel fut l'apport avec lequel le jeune ménage entreprit de s'établir. Ils achetèrent en 1832 un petit fonds de marchand de nouveautés, situé au n° 5 du faubourg Saint-Honoré, et connu, dans ce quartier alors presque désert, sous ce titre : *Aux montagnes russes*.

Sur ce théâtre nouveau, se déployèrent avec éclat les aptitudes remarquables de cet homme dont un de ses amis disait : « Dieu l'a créé pour être commerçant ! » La suite prouva que c'était encore pour autre chose.

II

Un trait de caractère bien édifiant et qui n'étonnera point de la part de deux familles profondément catholiques, c'est que, le jour même où la maison de commerce fut installée sous la raison Chardon-Lagache, une messe fut dite à l'église de l'Assomption, pour appeler les bénédictions de Dieu sur l'entreprise du jeune ménage ; au retour seulement, le public fut admis dans le magasin : Dieu devait combler de toutes ses faveurs une entreprise si saintement inaugurée.

En 1832, la petite maison des *Montagnes russes* faisait peu d'affaires et n'avait qu'une clientèle modeste ; par un progrès très rapide, elle fut transformée en une maison de haute confection qui défia bientôt toute rivalité. Après Dieu, M. Chardon-Lagache reportait à trois coopérateurs l'honneur de son succès : d'abord sa femme dont la prévenance et la tendresse ont été le charme constant de sa vie de tous les jours, sa femme dont la distinction et la piété touchaient et captivaient tous les cœurs; puis un ancien compagnon des premières années de labeur, M. de Roizin, qui lui apporta le concours d'un goût délicat et sûr pour le choix des étoffes et le dessin des costumes qui donnèrent à la maison son originalité et sa distinction; enfin, Madame la baronne de Barante, qui se fit un généreux plaisir de patronner ces jeunes gens si laborieux, se proposant elle-même, avec la bonne grâce d'une vraie grande dame, pour être leur introducteur dans la société aristocratique de Saint-Pétersbourg, où le baron de Barante résidait comme ambassadeur de France. Bientôt la clientèle de la noblesse et de la cour de Russie valut aux *Montagnes russes* la clientèle de toutes les cours d'Europe, les commandes du faubourg Saint-Honoré et celles du faubourg Saint-Germain.

Il n'est que juste de mentionner aussi son personnel d'employés, dont quelques-uns datent de la fondation de la maison et sont restés des amis.

Mais, si le succès amène le succès, il entraîne aussi après lui des difficultés et des périls que seule peut conjurer une activité dont le tableau mérite d'être tracé comme un excellent modèle à suivre.

De 1832 à 1871, c'est-à-dire pendant près de

quarante ans, voici, d'après les témoignages les plus authentiques, quelle fut la vie de Chardon-Lagache :

Dès sept heures du matin en été, dès huit heures en hiver, il était au magasin, s'assurant que tout son personnel de cinquante-deux employés était à son poste ; puis, après avoir consulté le livre de notes pour se fixer sur l'emploi de la journée qui commençait, il donnait les ordres et faisait les expéditions en conséquence ; ensuite, sans jamais s'arrêter, il avait l'œil à tout ce qui se passait dans la maison, surveillant la bonne tenue de tous ses employés et s'assurant que pas un acheteur ne sortait mécontent.

C'est dans les rapports avec ses clients qu'il était vraiment merveilleux. Son affabilité, sa prévenance souriante, sa déférence envers le public lui donnaient une incroyable puissance de séduction. Les commis aimaient à le suivre avec une sorte d'admiration dans ses causeries avec ses clientes, qui toutes le quittaient enchantées et ravies. Que de fois ils l'ont vu réparer leurs fautes, ramener une cliente qui allait partir mal satisfaite, et ne la laisser s'éloigner qu'après avoir obtenu d'elle une commande importante : la loyauté de ses offres, l'aménité de son langage étaient ses seuls moyens de triomphe. De l'avis unanime de tous les témoins, c'était un véritable charmeur.

Vers neuf heures et demie du soir, quand la journée était finie pour tous les employés, M. Chardon sortait; il allait prendre l'air et « battre des jambes, » comme il disait; il arpentait les boulevards, depuis la Madeleine jusqu'à la porte Saint-Denis, et rentrait.

Au retour, les affaires le reprenaient : assis à son bureau, il s'assurait de ce que valait la journée, vérifiait la vente et les commandes de chaque comptoir et notait les rentrées. C'était à minuit seulement, au plus tôt, qu'il allait goûter un repos nécessaire pour pouvoir recommencer le lendemain.

A qui lui demandait quels étaient les instruments de sa fortune, un riche cultivateur répondait en montrant deux bras forts et vigoureux; Chardon-Lagache aurait pu répondre de même par ces deux mots : *Travail et probité.*

En effet, c'était une activité infatigable, une probité et une sincérité parfaites, un soin scrupuleux de tous les détails, une surveillance qui ne se relâchaient jamais. Sa sollicitude s'étendait jusqu'à la conduite et aux mœurs de ses employés. Il n'était pas de ces commerçants qui disent : « S'il

Au retour, il vérifiait la vente et les commandes de chaque comptoir.... (p. 20.)

fallait me mêler de ces détails-là, je n'aurais plus un commis. » Chef et patron d'une maison considérable, il estimait qu'il avait charge d'âmes, et ne se désintéressait jamais du devoir de veiller au bien, partout et pour tous.

Cette élévation de principes et cette noblesse de sentiments qu'il appliquait en tout, Chardon-Lagache en reportait l'honneur à sa foi chrétienne, et il avait raison.

Depuis deux siècles, l'esprit moderne, en faisant le vide dans l'âme humaine, ne lui a plus laissé aucun autre principe d'activité que l'intérêt personnel, c'est-à-dire l'égoïsme et l'amour du plaisir.

Comme elle limite les ambitions de l'homme aux biens de cette terre, la morale commune du monde contemporain est la morale de la jouissance et de l'intérêt. Or, entre les intérêts, la lutte est acharnée et sans merci. Au point de vue des affaires, c'est donc par calcul que le patron ménage l'ouvrier et que l'ouvrier supporte le patron : au fond, c'est la haine et l'envie à mort.

La conséquence de cet état moral est une concurrence que ne peut refréner aucune considération et qui ne vise qu'au succès. De là, chez les plus honnêtes gens, une disposition à séparer le commerçant de l'homme et à employer sans scrupule, dans les affaires, des moyens de succès dont la conscience aurait à rougir partout ailleurs. Les mots vulgaires qu'on se donne comme excuses, ce sont les phrases connues : « Pas de sensibilité en affaires ; — Les affaires sont les affaires ; — Une maison de commerce a une caisse et non un cœur, » etc.

Sur ces principes se sont fondées des fortunes colossales qui font le plus grand honneur à l'esprit de ceux qui en jouissent, mais dont M. Chardon n'aurait jamais voulu.

Son succès est donc une grande leçon, parce qu'il montre que, même dans notre âge de fer et d'or, un chrétien peut réussir avec éclat sans abdiquer aucun de ses sentiments, aucune de ses pratiques religieuses. Quel précieux enseignement moral; car d'ailleurs les qualités commerciales de M. Chardon sont à la portée de tous ceux qui le voudront bien : régularité ponctuelle, soin méticuleux des détails, extrême prévenance envers les clients, probité scrupuleuse.

Dès 1848, la prospérité prodigieuse de ses affaires avait assuré à M. Chardon-Lagache une opulence qui dépassait ses espérances et son ambition; le commerçant pouvait être heureux et fier ; nous verrons comment le chrétien fit servir au bien d'autrui ces faveurs de la fortune qui couronnait toutes ses entreprises.

Après une nouvelle période non moins brillante que la première, l'émotion que lui laissa la guerre de 1870 et surtout la Commune de 1871 lui causa un découragement si profond, qu'il prit la résolution définitive de céder sa maison de commerce. Il n'avait été sauvé de la ruine que par le dévouement filial d'un employé qui avait lutté contre l'incendie et le massacre, et, au péril de sa vie, préservé du pillage et des flammes le n° 7 de la rue du Faubourg Saint-Honoré, quand le n° 3 était en feu. Aussi, dans sa reconnaissance pour ce sauveur dont l'attachement datait déjà de trente années, lorsqu'il le revit, M. Chardon-Lagache l'embrassa en disant :

— Cyrille, ce n'est point un serviteur, c'est un ami; il est de la famille.

Bien plus, il le choisit pour le confident et l'intermédiaire de presque toutes ses bonnes œuvres; car en changeant de théâtre et d'objet, l'activité de Chardon ne se ralentit point : il avait travaillé pour la fortune, il allait travailler pour Dieu.

III

Les quinze premières années d'un travail opiniâtre et intelligent lui ayant déjà donné l'opulence, tout autre se serait arrêté pour jouir d'une richesse honorablement acquise; mais Chardon-Lagache se sentait la force de poursuivre et la foi dans la réussite. Il ne voulut point se retirer; mais il demanda à Dieu de lui accorder quinze nouvelles années de santé, de travail et de succès, promettant de consacrer aux pauvres ce regain de bénéfices. Dieu accepta l'engagement et favorisa plus que jamais l'ouvrier de sa providence. Chardon-Lagache fut fidèle à la parole donnée, et quinze ans après, il mit plus de deux millions au service de la charité chrétienne.

Dès longtemps, son âme religieuse s'était associée à un grand nombre d'œuvres utiles.

Digne fils du médecin des pauvres d'Auteuil, Chardon était tout amour et charité; il aimait à rendre à la Providence dans la personne des indigents une grande partie de ce que la Providence avait daigné lui donner :

— Le Ciel m'a comblé, disait-il ; ma fortune est au-dessus de mes besoins et de mes désirs ; n'est-ce pas un avertissement de Dieu ? ne me dit-il pas de reverser sur mes frères moins heureux ce flot montant de bénédictions temporelles ?

Ainsi il rattachait sa bienfaisance au principe le plus élevé de tous, l'amour de Dieu pour sa créature. La philanthropie est un sentiment, comme tous les sentiments humains, exposé aux caprices de la sensibilité ; la charité est un amour divin, infini, immuable comme la source d'où cet amour émane, s'épanchant avec une épuisable libéralité sur tous les enfants de Dieu, par cela seul qu'ils sont nos frères.

D'ailleurs, comment aurait-il oublié que la plus belle part de son patrimoine, c'était l'exemple laissé par ses parents ? Noblesse oblige, et Chardon-Lagache se sentait obligé par les vertus chrétiennes de son père. Souvent son cœur lui représentait le tableau des funérailles du médecin des pauvres. C'était le 13 mars 1845 ; la neige tombait à flots et couvrait la terre ; les porteurs se hâtaient vers le petit cimetière d'Auteuil :

— N'allez donc pas si vite, leur dit une pauvre

femme tout en pleurs; il sera toujours trop tôt de le mettre en terre.

A la libéralité qui fait le bien, Chardon-Lagache joignit la réflexion qui sait le bien faire. Ce fut vers l'année 1857 qu'il conçut l'idée de sa grande fondation; mais il se donna le temps de mûrir cette idée.

Jamais chrétien n'a mieux mérité cette bénédiction du roi-prophète : « Bienheureux celui qui a l'intelligence des besoins du pauvre et de l'indigent. » Cette fondation n'est pas seulement une œuvre bonne et charitable; elle est une œuvre très intelligente, car elle répond à merveille à l'un des besoins du temps et manifeste hautement les bienfaits d'un procédé dont nous avons usé et abusé, mais qui, sous l'empire de la loi chrétienne, peut porter les plus heureux fruits : l'association. Pendant plus de cinq ans, Chardon-Lagache ouvrit une sorte d'enquête, consulta des prêtres et des laïques, des financiers et des ouvriers, des médecins et des administrateurs; il s'enquit avec le plus grand soin de ce qu'il avait de mieux à faire, et de ces conseils, de ces dépositions, de ces faits divers, sa propre réflexion fit sortir une œuvre hospitalière très nouvelle, très ingénieuse et très utile.

La question vitale, le problème sombre pour tout homme qui doit sa subsistance à son travail, c'est le lendemain, c'est l'avenir. Il se dit :

— Tant que j'aurai des bras et de la santé, tout ira bien ; mais quand viendra la vieillesse avec ses infirmités ?...

La raison lui répond :

— Épargne pour tes vieux jours ; l'épargne est ton secours et ton espoir.

— Épargner, répond le journalier ; mais quoi ? Je gagne à peine le nécessaire. Même dans les conditions les plus favorables, quel misérable capital, quel mince revenu ! A quoi bon me priver aujourd'hui, pour vivre encore de privations quand je serai vieux ? Triste calcul ! Mieux vaut jouir du présent et compter sur la chance ou sur Dieu, pour le soin d'un avenir qui sera toujours misérable. »

Tel est le sophisme du découragement, auquel la fondation nouvelle vint répondre d'une manière triomphante. L'indigence, la misère a déjà des asiles qui lui sont ouverts, et le chrétien ne laisse jamais mourir de faim un frère qui implore un secours ; mais cette pauvreté qui n'est pas la misère, cette gêne étroite qui est presque aussi douloureuse, elle n'avait aucun asile ; elle demandait qu'on lui ouvrît une voie d'espérance meilleure. C'est donc à cette classe très intéressante de travailleurs que Chardon-Lagache est venu dire :

— Épargnez, et votre épargne produira au centuple; épargnez, et je me charge de doubler votre apport; épargnez, et je vous donne un logement confortable dans une propriété d'un hectare et demi, située au milieu du quartier le plus sain de Paris; épargnez, et, grâce à l'association, un revenu de cinq cents francs vous assurera un bien-être que, dans l'isolement, quinze cents francs ne vous donneraient point.

Commencée en 1859, l'entreprise mit six années à se réaliser, et il fallut la persévérance, l'abnégation, le zèle infatigable du fondateur pour en assurer le succès : le bien même n'est pas facile à faire, au milieu du réseau de lois et d'ordonnances qui dans notre pays entravent et découragent souvent les volontés les plus robustes.

Il eut la satisfaction de trouver un concours respectueux de la part de son fils, M. Alfred Chardon, qui voulut s'associer aux intentions bienfaisantes de son père avec un généreux désintéressement.

Quand il s'agit de donner un nom à cette maison qui reçut la consécration religieuse le 16 août 1865, le fondateur voulut associer à son nom le nom de sa femme : il ne se lassait pas de dire que

Colons agricoles de Mettray. (p. 36.)

la meilleure moitié de lui-même, c'était cette compagne dont les délicates et exquises qualités avaient été l'ornement de sa vie, l'encouragement de ses labeurs et le puissant auxiliaire de ses succès. Elle avait été à la peine, il voulut qu'elle fût au triomphe; voilà pourquoi, la maison de retraite continuant pour ainsi dire la maison de commerce, ce fut, ce sera à tout jamais la Maison Chardon-Lagache.

Le gouvernement de la France s'honora en s'associant à la consécration religieuse de ce grand établissement; il chargea le directeur de l'administration de l'Assistance publique, M. Husson, d'annoncer à M. Chardon-Lagache qu'il était nommé chevalier de l'ordre de la Légion d'honneur.

Rien ne manqua donc au succès de cet asile pour la vieillesse, monument impérissable d'un immense désir d'être utile et de contribuer au bonheur des hommes, cette passion héréditaire dans la famille Chardon.

Le fondateur vint se fixer lui-même en face de son asile, pour le surveiller, pour en étudier le mouvement et la vie, pour en perfectionner tous les jours les détails. Le commerçant seul avait pris sa retraite, le chrétien n'abdiquait point; il continuait son œuvre avec une ardeur qui grandit chaque jour.

IV

La retraite ne pouvait être l'inaction pour un travailleur aussi ardent qu'infatigable : la charité chrétienne ouvrit à Chardon-Lagache une voie nouvelle dans laquelle il s'engagea avec un zèle qui sembla croître avec l'âge et multiplier ses forces au delà du possible.

De douloureux souvenirs de famille, l'ombre d'un deuil fraternel pouvaient jeter parfois dans son âme des nuages et des tristesses ; ce fut au travail qu'il demanda de les dissiper ; à ces funèbres images il échappait en se livrant à cette passion chrétienne de la charité, qui, l'absorbant tout entier, lui procurait le calme par la satisfaction du devoir accompli.

La même activité qu'il avait si heureusement déployée dans les affaires, il la consacrait aux œuvres de charité. Outre la part qu'il prenait à toutes les libéralités auxquelles il s'était engagé, sa bourse était ouverte à toutes les misères, et, sollicité de mille côtés, il ne restait sourd à aucune demande. Sachant que donner vite c'est donner double, il avait fini par recommander à M. Saillard, l'excellent intermédiaire entre lui et les pauvres, de secourir sans autorisation toute infortune qui lui semblerait le mériter. D'ailleurs, son penchant à obliger partout et toujours était si connu, qu'on n'hésitait pas à réclamer son appui avec une confiance que jamais il ne taxa d'indiscrétion : œuvres de charité, misères publiques, souffrances privées, douleurs secrètes, tout était de son ressort. Il est absolument impossible de calculer ce qu'il donnait, lui-même n'aurait pu s'en rendre compte.

En appelant sur lui l'attention du gouvernement, sa fondation l'avait désigné aux fonctions de membre du Conseil de surveillance de l'Assistance publique; au milieu de cette société alors éminente, il se fit bien vite une place distinguée. Il fut entre tous le travailleur actif, exact, assidu. Ses rapports succincts et complets étaient très appréciés; ses visites dans les hôpitaux n'étaient point un coup d'œil superficiel, c'était un examen attentif et sérieux : il causait avec les malades sur le ton d'une bonté touchante; il s'assurait en les goûtant de la qualité des aliments; il encourageait, à la résignation et à l'espoir en Dieu, les Sœurs dont les vertus et les services ne rencontrent pas toujours et de tous la reconnaissance que méritent ces filles de Dieu, ces gardes-malades incomparables que rien au monde ne peut remplacer, parce que la philanthropie ne remplace pas la charité, parce que l'homme ne remplace pas Dieu.

Pour reporter sur les familles indigentes cette sollicitude affectueuse qu'il avait le regret de ne point épancher sur de jeunes enfants dans sa propre famille, il se mit au service de la Société des Amis de l'enfance, et se fit là, comme partout, une place distinguée parmi les administrateurs de cette institution qui moralise à la fois l'enfant et la famille.

Des premiers, il fut un bienfaiteur de cette Colonie agricole de Mettray, qui a pour but de reconquérir au bien de malheureux enfants que leurs débuts semblaient vouer à l'infamie. Comme membre du Conseil d'administration, il s'applaudissait du succès d'une institution qui a provoqué tant d'imitations heureuses en France et à l'étranger, et il soutenait de toutes ses sympathies M. Blanchard, digne continuateur de l'œuvre de MM. Demetz et de Courteilles.

Le Conseil d'administration de l'Asile de Vincennes l'avait choisi comme président.

Personne mieux que lui ne pouvait apprécier la valeur morale de la Société fondée en 1861 par la sœur Saint-Augustin pour les demoiselles de commerce, et qui compte aujourd'hui plus de cinq cents associées; il en était le vice-président.

Son entrée au Conseil d'administration de Saint-Nicolas lui fit comprendre que, de toutes les formes de la charité, le concours à l'œuvre des écoles chrétiennes est le plus efficace pour le présent et pour l'avenir. Il l'appelait « la Providence visible des enfants du peuple de Paris. »

Oui, l'expérience et la réflexion lui avaient appris que, si nous voulons que la France se sauve, il faut que l'enseignement populaire soit chrétien. Hors de l'éducation chrétienne, il ne voyait rien qu'utopies orgueilleuses et vides :

— Bannir Dieu de l'école, disait-il, mais c'est éteindre le soleil du monde moral ; étrange moyen de répandre les lumières en France!

Comment n'aurait-il point accueilli avec enthousiasme cette œuvre de Saint-Nicolas qui, recueillant les jeunes garçons de la classe ouvrière, pour leur donner, avec l'éducation chrétienne, l'instruction primaire et professionnelle, au lieu d'attendre la chute dont il est si difficile de se relever et de se guérir, s'empresse à prévenir le mal.

Il prenait un vrai plaisir à surveiller ses

apprentis jardiniers d'Igny, et il mit ses soins particuliers à encourager cette institution et à lui ménager des relations profitables au développement agricole.

Parmi les œuvres de charité catholique, une de celles qu'il avait le plus à cœur de mener à bien, c'était la restauration religieuse de l'école de Vaujours, maintenant *École-Asile Fénelon* : c'était un travail délicat et difficile.

Auxiliaire dévoué de son ami M. H. Davillier, président de la Société Fénelon, il réussit au delà de toutes ses espérances. Cette rénovation rapide lui révéla le secret de ce que peut la discipline chrétienne pour rétablir et maintenir partout la vie morale ; souvent on l'entendait rappeler ce témoignage en faveur de la religion ; comme français et comme catholique, il en était très fier. Jamais il n'avait mieux compris que la question religieuse est la question vitale pour les nations comme pour les individus.

Enfin, ses rapports avec la Société de Saint-Nicolas le conduisirent à s'associer à l'œuvre du Vénérable de la Salle, ayant pour objet de former des Frères des Écoles chrétiennes.

A titre de membre de la Société philanthropique, il a, par tous les moyens possibles, contribué à la fondation de l'Asile de nuit pour les femmes, ouvert maintenant à Paris.

Depuis cinq ans qu'il avait été nommé à l'unanimité président du Conseil de fabrique de Notre-Dame d'Auteuil, il s'était employé au bien de la paroisse avec une suite et un zèle qui auraient fait supposer qu'il n'avait rien autre à faire : il s'était entremis avec ardeur dans des négociations où il apportait l'habileté d'un diplomate et la constance d'une âme vraiment chrétienne ; jamais sa charité et sa délicatesse ne furent soumises à de plus rudes épreuves.

Partout, son zèle infatigable autant que modeste lui avait gagné les cœurs et assuré l'affection de tous ses collègues. Vainement l'envie la plus pénétrante chercherait un reproche qu'on pût justement lui adresser. Dans les conseils où il siégeait, il n'était pas de ceux qui veulent attirer bruyamment l'attention et enlever l'autorité, au risque de fatiguer la patience de leurs collègues ; il écoutait plus volontiers qu'il ne parlait ; mais cette autorité qu'il aurait rougi d'usurper, il la conquérait plus sûrement par une attention presque déférente, qui lui valait toutes les sympathies, parce qu'elle ménageait tous les amours-propres. Au lieu de parler, il agissait et intervenait avec empressement pour apaiser les dissentiments. Cet esprit constant de conciliation, il en donnait la raison la meilleure du monde :

— Les hommes de bien réunis pour une œuvre de charité ne peuvent avoir que de bonnes intentions, et doivent toujours finir par tomber d'accord : cherchons-en le moyen.

Il était servi dans cette œuvre excellente par une grande netteté pratique dans les idées et une parfaite précision dans le langage. N'oublions pas que la tendresse de son âme se manifestait par une urbanité dont la bonne grâce touchait les plus hostiles et devait satisfaire et au delà les plus exigeants. Il avait la séduction du regard, du sourire et de la voix; une force de fascination que subissaient les plus défiants et les plus rebelles; un heureux à-propos pour dire à chacun ce qui pouvait le mieux lui plaire. En un mot, sa vertu s'imposait doucement, même à ceux qui ne partageaient point sa foi.

Dans un temps où la politique a tout envahi, c'eût été chose étrange qu'elle n'eût point réclamé un homme tel que Chardon-Lagache ; mais les avances de ce sphinx qui a dévoré tant de victimes, offrirent à cet homme vraiment supérieur l'occasion d'un triomphe presque sans exemple.

Une des preuves de sa fermeté et de sa réso-

MGR GUIBERT, CARDINAL-ARCHEVÊQUE DE PARIS

lution dans le bien, en même temps que de la sincérité de sa modestie, c'est l'énergie avec laquelle il tint bon contre toutes les tentatives et toutes les instances faites auprès de lui pour le déterminer à se présenter au suffrage des électeurs de Paris et à prendre un rôle politique. Sa passion du bien trouvait un domaine suffisant dans le champ de la charité catholique : il avait plus de confiance dans les services qu'il rendait que dans ceux que la politique réclamait de lui. Les titres, les fonctions, le pouvoir et tous les avantages qui en dépendent ne purent le séduire un seul moment, et il refusa de descendre dans l'arène politique.

Par une rencontre singulière, chacun des événements importants de sa vie avait coïncidé avec une des révolutions politiques de la France : au moment où il atteignait l'âge de raison, le premier Empire croulait sous l'invasion étrangère ; son mariage avait lieu deux mois après la révolution de 1830 ; la Révolution de 1848 avait fermé la première période de sa prospérité commerciale ; enfin l'effondrement du second Empire et la Commune de 1871 avaient décidé sa retraite : toutes ces catastrophes lui avaient donné un goût médiocre pour les choses de la politique.

Son absolu désintéressement le plaçant bien

au-dessus de toute ambition personnelle, il n'aurait accepté de rôle dans le gouvernement de la France qu'avec la conscience de pouvoir être utile à son pays; et il n'en imaginait pas le moyen, au milieu de ce conflit de passions où l'intérêt des partis est mis au-dessus des intérêts publics, où il s'agit beaucoup moins de la liberté pour tous que de la domination pour quelques-uns. Encore si cette domination eût été le règne des meilleurs.

A quoi bon s'inféoder à un parti? Comment renoncer à toute indépendance personnelle, sous peine de se voir lapider par ses amis de la veille?

Enfin, il avait trop de pénétration pour ne pas sentir qu'avec sa haute loyauté et ses pratiques religieuses il eût été aussitôt relégué au rang des naïfs par ces habiles qui conduisent la France, les uns à Sedan, les autres à la Commune légale.

Voilà pourquoi il déclina le périlleux honneur d'entrer dans la vie politique, en assurant qu'il faisait de son temps un emploi qui ne lui laissait aucun loisir. L'agitation stérile des discussions lui était particulièrement odieuse. En somme, on lui demandait de sacrifier les œuvres utiles aux mots retentissants et vides, de laisser Dieu pour la politique; et il répondait comme Joas à Athalie :

> Quel père
> Je quitterais, et pour.... — Eh bien? — Pour quelle mère!...

Il avait su se faire une existence fort occupée, et si les devoirs de son infatigable charité lui laissaient quelques moments de loisir, n'en avait-il pas le meilleur emploi dans la vie de famille? n'avait-il pas là encore des heureux à faire?

Sa tendresse pour sa femme avait eu toujours quelque chose de paternel; il avait surtout à cœur d'écarter de son chemin toutes les épines, et de ne lui offrir de la vie que les fleurs qui pouvaient la charmer. A une époque et dans une société où le Moi tient une si grande place et où les intelligences les plus distinguées n'échappent point à cette fièvre de l'adoration de soi-même, quelle merveille qu'un homme qui ne pense point à lui et ne se laisse point entraîner à un seul mouvement d'égoïsme! Pour remplir un devoir, il se croyait autorisé à quitter sa maison et à laisser seule la compagne de sa vie; pour prendre un plaisir, même le plus innocent, jamais, jamais.

Sa bonté n'avait d'égale que sa modestie; elle était aussi sérieuse que profonde. Après l'inauguration de sa Maison de retraite, un de ses amis crut devoir faire rendre compte de cette cérémonie dans un journal ; mais quand il présenta ce compte-rendu à M. Chardon, celui-ci en fut offensé dans sa modestie ; il eut besoin de tout son empire sur lui-même pour dissimuler sous un demi-sourire tout le mécontentement qu'il en ressentait, et il fallut bien du temps pour effacer de son esprit le mauvais souvenir de cette affectueuse trahison. En écrivant cette notice, on ne peut se dissimuler qu'à l'édification du public et à la satisfaction de tous ceux qui l'ont connu et aimé, on fait le sacrifice de la volonté même de ce chrétien et de son humilité sincère. Mais à quoi servirait la justice, si ce n'est à ces deux œuvres qui se tiennent : faire rentrer dans l'ombre les ambitieux qui ont usurpé leur place au soleil de la renommée, et mettre en lumière les honnêtes gens qui dans leur modestie ont tout fait pour se cacher. Plus ils ont pris soin de se dérober aux regards, plus il convient de proclamer leurs titres à notre admiration et à nos respects.

Cette amabilité, cette prévenance, cette préoccupation du bien-être d'autrui le suivit jusqu'à sa dernière heure. M. l'abbé de La Guibourgère, ayant précédé de quelques minutes M. le curé, trouva le malade affaibli par des vomissements qui duraient depuis quarante-huit heures ; le premier mot du mourant fut :

— Pardon, Monsieur l'abbé, de vous recevoir si peu convenablement.

Son amour passionné pour le travail se traduisit plus d'une fois dans de charmantes allocutions adressées aux enfants de l'école d'Igny, « pour joindre, disait-il avec bonhomie, à la distribution des prix, une distribution de bons conseils. » Avec quelle conviction intime il ajoutait : « Travaille, nous dit le bon Dieu, ou bien je te traiterai comme l'arbre qui ne porte point de fruit et qui n'est bon qu'à être jeté au feu ; travaille ! »

De ses rapports avec le monde de l'aristocratie, il avait retenu un goût décidé pour la distinction des manières et du langage. Il exprimait volontiers son jugement à l'égard de certaines familles sous une forme spirituellement familière : « Cette maison, disait-il, c'est une maison où ça sent bon. »

Lui offrir l'occasion d'exercer sa charité et d'obliger, c'était réellement l'obliger lui-même. Tout homme qui a un ami se plaît à le servir ; Chardon-Lagache était l'ami de l'humanité ; il disait avec conviction : « Être utile, c'est ressembler au bon Dieu. »

Sa morale, aussi simple qu'élevée, se résumait en deux mots : « Aimer Dieu et son prochain.

— Être fidèle à la grande loi du respect et du travail. »

Un jour qu'on lui conseillait le repos :

— Non, dit-il, dans le chemin du devoir, il n'y a pas d'arrêt.

Que de mots pleins de cœur et de bonne grâce on pourrait citer de lui! Un ami, qui venait de très loin pour lui demander son concours à une œuvre de charité, le surprit au moment où il se mettait à table et s'excusait de le déranger.

— Qu'est-ce que cela, auprès de vous qui êtes venu de si loin par charité? »

Le progrès constant de son activité généreuse et l'accroissement de ses libéralités semblaient la réalisation de cette parole d'un grand chrétien : « Au début de la vie on est heureux de ce qu'on reçoit; au terme on ne l'est plus que de ce qu'on donne.... Mon vrai bonheur, à l'avenir, n'est que dans le bien que je puis faire autour de moi. »

A plus de soixante-douze ans il était encore dans le plein exercice de sa charité, dans la pleine activité de ses bonnes œuvres, dans toute la vigueur de son intelligence. Loin d'être une décadence, la vieillesse n'était pour lui qu'un progrès de sa puissance morale. Comment a pu se maintenir sans défaillance cette énergie pour le bien? Sans nulle hésitation il faut répondre : la foi et la charité chrétiennes ont été les sources intarissables de ses bienfaits; il a été bon parce qu'il a été chrétien.

Qui ne comprendrait alors ce misanthrope de beaucoup d'esprit qui dit un jour en voyant Chardon-Lagache : « Voilà un homme qui me réconcilierait avec l'humanité. »

En vain il faisait du temps et de la vie un si noble emploi, en vain toutes les apparences éloignaient l'inquiétude et semblaient permettre un long espoir : Dieu voulut l'appeler avant l'heure « à la récompense des hommes de foi et de charité ; » c'est le témoignage que lui a rendu l'éminent cardinal-archevêque de Paris. Malgré le poids des années, nous le trouvions plein de jeunesse et de verdeur ; Dieu le trouva mûr pour l'éternité.

Sa mort contient un dernier enseignement : elle nous apprend à nous tenir toujours prêts au grand départ.

Jamais homme n'a joui d'une santé meilleure dans une vieillesse exempte de toute infirmité, jamais homme n'a mieux réglé sa vie d'après les lois de la tempérance et n'a pris des soins hygiéniques plus intelligents et plus réguliers ; quand le doigt de Dieu le toucha, toute cette œuvre éphémère s'évanouit, et en quelques heures tout fut terminé.

Le jeudi 10 juillet, il se leva vers sept heures du matin et se hâta de se préparer pour aller à la réunion du Conseil de l'Assistance publique, où il avait à lire un rapport. Cependant un malaise persistant le contraignit à faire appeler son voisin et ami, le docteur Malhéné, qui lui rappela qu'il avait déjà souffert de douleurs hépatiques, et parvint à le décider à se mettre au lit en lui disant d'un ton presque impératif : « Si vous sortez, on vous ramènera en voiture. »

Après avoir écrit encore près d'une heure, le malade se coucha pour ne plus se relever.

Tous les remèdes employés pour combattre les douleurs d'entrailles et les nausées demeurant impuissants, le docteur Malhéné fit part de ses inquiétudes à M. Alfred Chardon, qui, épouvanté de ces sinistres prévisions et voulant avoir l'avis du médecin ordinaire de sa famille, se hâta de courir lui-même, à pied, le chercher à Paris, pour le ramener auprès de son père. Aussitôt arrivé dans la soirée, le docteur Contour fut accueilli par ces mots :

— Cher docteur, quelle bonne fortune! je suis heureux de vous voir.

Après avoir constaté que le pouls était faible,

mais que le malade n'avait point de fièvre, le docteur Contour rassura la famille. Cependant la nuit fut très mauvaise, et le vendredi, quand le docteur Contour revint à dix heures du matin, le malade le reconnut à peine. Alors on fit appeler le docteur Moutard-Martin, qui n'arriva que pour constater qu'il n'y avait plus rien à tenter.

Le samedi matin, le corps était épuisé, le pouls était presque nul, la peau couverte d'une sueur froide. Le malade jusqu'alors était resté plein de sécurité, ne se croyant exposé qu'à une saison de Vichy; à ce moment il parut anxieux. Appelé en hâte, M. le curé d'Auteuil le trouva dans une somnolence d'où il ne sortit que pour remplir ses derniers devoirs de chrétien. Les douleurs avaient cessé, la physionomie était sérieuse et reposée; il manifesta qu'il avait la pleine et lucide connaissance de ses actes. Avec le recueillement profond qu'il avait porté toute sa vie dans l'accomplissement de ses devoirs religieux, il s'associa aux prières que l'Église adresse à Dieu pour le chrétien qui va entrer dans l'éternité. Vers midi et demi, il rendit le dernier soupir, mourant comme il avait vécu, en grand chrétien, en fils soumis de l'Église catholique.

Dieu lui donna la grâce d'une fermeté pleine de calme devant l'heure suprême. Ce juste qui pendant sa vie s'était laissé parfois dominer par une terreur presque enfantine de la mort, s'est trouvé armé d'une admirable résignation au coup imprévu qui venait le frapper. Il a eu l'honneur d'une belle et bonne mort; il a passé avec un calme inaltérable et plein de sainteté. Une âme chrétienne proposait avec anxiété cette question :

« L'idée religieuse et le caractère, deux trésors que la France moderne a perdus ! Où sont les hommes de cœur qui sauront nous les rendre (1)? »

Chardon-Lagache était digne de répondre à ce noble appel.

Jusqu'au dernier moment il goûta la félicité suprême de rencontrer dans sa femme, dans son fils et dans sa belle-fille un dévouement dont le souvenir arrache encore des larmes à ceux qui en ont été témoins. Il avait donc la satisfaction de laisser auprès de sa veuve un fils qui porte dignement le nom de celui qu'il a toujours vénéré avec la plus respectueuse soumission, et une belle-fille dont il avait éprouvé dès longtemps le dévouement et la piété filiale.

Au spectacle d'une mort si édifiante, sa famille, ses amis, ses serviteurs purent répéter avec confiance les dernières paroles du psaume : « Que le Seigneur le comble de bonheur dans la terre des

---

(1) *Le colonel Paqueron,* notice par Mgr Saive, p. 108.

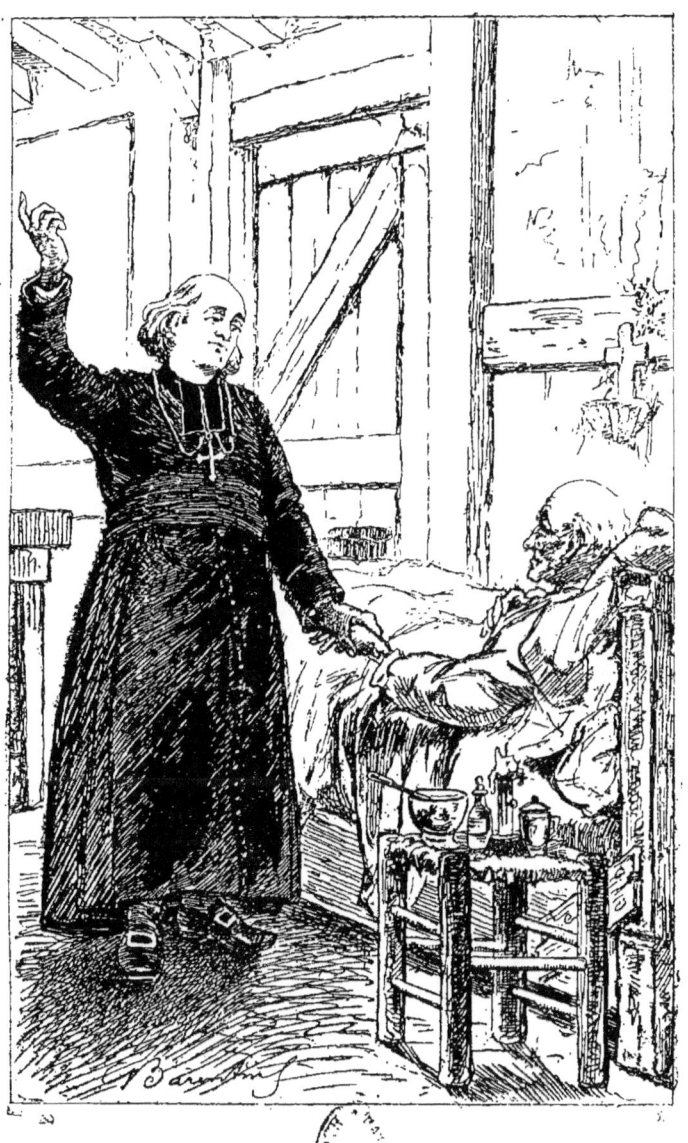

Pardon, Monsieur l'abbé, de vous recevoir si peu convenablement. (p. 47.)

vivants, dont le jour sans déclin s'écoule dans une paix inaltérable, et dont la durée est l'éternité. »

C'était l'acte de foi et d'espérance qui avait inondé de joie le cœur de ses pieux parents à sa naissance; c'était la prière qu'il avait eue sur les lèvres et dans le cœur au jour béni de son heureux mariage; c'était le vœu qui avait été prononcé sur lui dans la cérémonie de consécration de la Maison de retraite Chardon-Lagache; ce fut le cri suprême qui s'échappa du cœur de tous ceux qui l'avaient connu, quand ils le perdirent, le 12 juillet 1879.

V

Enfant d'Auteuil, c'est la même petite église d'Auteuil qui a vu s'accomplir tous les grands actes de sa vie de chrétien : à Notre-Dame d'Auteuil il a été baptisé en 1807, il a fait sa première communion et a été marié, il a fait baptiser ses enfants ; à Notre-Dame d'Auteuil il a reçu les bénédictions suprêmes de la religion, le 15 juillet 1879.

Les funérailles de Chardon-Lagache ont été célébrées avec une grande solennité ; l'affluence était considérable, car la foule était composée de ses obligés et de ses amis. Toutes les œuvres de charité qui perdaient en lui un généreux bienfaiteur avaient tenu à honneur de s'y faire représenter avec éclat. S. E. le cardinal-archevêque de Paris, afin de bien témoigner son affectueuse estime pour ce grand bienfaiteur des pauvres, avait délégué l'un de ses vicaires-généraux, M. l'abbé Caron, qui avait, pour M. Chardon-Lagache, des sympathies toutes particulières, et, spontanément, M. l'abbé Lagarde, autre vicaire-général, s'était joint à lui pour honorer le protecteur des œuvres de charité dont il a particulièrement le soin. Aucune marque de considération ne lui a manqué, mais surtout aucun des témoignages des plus touchants regrets : c'était sur eux-mêmes que pleuraient les pauvres, les amis, les chrétiens; tous semblaient dire : « Nous avons perdu notre maître et notre appui. »

Tant de témoignages éloquents font pour la famille de Chardon-Lagache des titres de noblesse incomparables; ils couronnent de la plus belle auréole le nom de cet homme de bien qui était digne de porter la devise du vrai chrétien de nos jours, la devise qui fera le salut de la France, quand la France saura le vouloir : *Travail et Charité*.

J.-B. LAROUDIE

JEAN-BAPTISTE LAROUDIE

1825-1889

Voici, dans l'existence la plus humble, l'exemple vivifiant des plus hautes vertus, le témoignage de tout ce que la charité peut accomplir de plus grand et de plus touchant à la fois. Vous verrez un indigent qui ne mendie que pour les autres, un ouvrier qui sur un salaire à peine suffisant économise de quoi faire l'aumône. Vous croiriez qu'il a besoin des secours de son prochain, et c'est lui qui mérite le titre de bienfaiteur. Pendant plus de cinquante ans, il résout, à son honneur, ce singulier problème : donner toujours, quand on ne possède rien. C'est le chef-d'œuvre de la charité. Tous ceux qui ont connu Laroudie (1) saluent, en lui, le vrai disciple de Jésus-Christ.

Sa vie mérite d'être étudiée et méditée ; mais

---

(1) *Vie de Jean-Baptiste Laroudie*, par Roger des Fourniels. Limoges, 1890.

il faut lire cette vie comme elle a été menée, c'est-à-dire en toute simplicité de cœur, avec la candeur d'une bonne âme qui ne subtilise jamais et qui ne cherche point, à tout propos, matière à railler et à rire. Les sceptiques et les ricaneurs à outrance sont la honte de notre pauvre pays ; ils sont incapables de rien comprendre à la sainte folie du dévouement chrétien.

Mais, diront encore quelques esprits altérés de merveilleux et cherchant partout l'extraordinaire, mais quoi : un ouvrier, bon enfant, qui se met au service de ses compagnons de travail et de pauvreté, quoi de plus simple ? — Sans doute, en théorie, quoi de plus simple ? Mais en pratique, quoi de plus rare, dans notre mêlée de toutes les cupidités et de tous les égoïsmes ? Un travailleur qui sait porter sa croix avec une joyeuse sérénité, quoi de plus merveilleux au milieu de ces révoltés de l'atelier ou de l'usine, qui rongent leur frein et qui n'échappent au désespoir que par l'abrutissement ?

Jean-Baptiste LAROUDIE naquit à Limoges, le 11 juillet 1825, dans un pauvre ménage déjà chargé de trois enfants. Son père était un laborieux et honnête camionneur. Sa mère tenait une petite épicerie dans le faubourg du Pont Saint-Martial :

c'était une femme d'une piété vive et d'un caractère énergique. Elle envoyait ses trois fils à l'école des Frères et les faisait lever, le dimanche, à cinq heures, pour aller à la messe. L'enfant fut un écolier indocile, brusque, obstiné, peu intelligent.

En 1838, deux événements produisirent en lui une révolution profonde. Sa première communion lui apprit l'amour de Dieu et du prochain; — la mort de son père lui inspira la passion du travail et le culte de la famille.

Dès l'âge de treize ans, Laroudie commença une vie d'abnégation qui dura un demi-siècle, sans défaillance, et qui fut couronnée par une mort pieuse et pleine d'édification.

Fier d'être le soutien de sa mère et de sa famille, l'enfant voulut utiliser, sans retard, son temps et ses forces. Pauvre, sans nul talent, d'une intelligence médiocre, il se mit, comme *goujat*, à servir les ouvriers maçons qui le payaient quatre sous par jour. Lorsqu'il lui apprit cet engagement, sa mère se réjouit et le félicita, disant :

— Le voilà au travail, il s'y améliorera, j'en suis sûre.

La prédiction ne tarda pas à se vérifier. Aussi dur pour lui-même que compatissant aux maux d'autrui, l'enfant trouva le moyen de faire des économies sur une journée de quatre sous. Il se mit en pension dans une pauvre famille, où il payait son logement et sa nourriture par un travail domestique, et, se contentant de manger du pain sec, il allait, tous les quinze jours, porter à sa mère presque tout ce qu'il avait gagné.

Lorsqu'il fut revenu à Limoges, il entra en apprentissage chez un corroyeur et apprit le métier de mégissier, qu'il exerça jusqu'à son dernier jour. De grand matin, il avait à traverser presque toute la ville pour gagner son atelier ; le voyage était rude, le métier plus rude encore. A Limoges, l'hiver est long et rigoureux ; dans les tanneries qui bordent la Vienne, les ouvriers vivent les pieds dans l'eau, sous des hangards ouverts à tous les vents. Ils ont à mouiller sans cesse des peaux, afin d'en arracher le poil. La tâche est très pénible et les fluxions de poitrine sont très fréquentes. Au bout de quelques années de ce labeur, Laroudie eut contracté la bronchite chronique dont il souffrit jusqu'à sa mort.

Quelle existence monotone et pénible! Seul, l'accomplissement de ses devoirs religieux offrit au pauvre ouvrier une compensation qui lui tenait lieu de tous les amusements de son âge. Il s'était, l'un des premiers, affilié à la Société de la *Persévérance*, fondée à Limoges par l'abbé Dubreuil,

Elle envoyait ses trois fils à l'école des Frères.... (p. 63.)

pour encourager, dans la pratique de la religion, les jeunes garçons de douze à vingt ans. En récompense de leur assiduité, ces jeunes gens se rendaient, le dimanche, dans quelque petit village des environs de Limoges, pour y chanter la grand'-messe et les vêpres, à la grande satisfaction des paroissiens de ces modestes églises.

A ces pieux exercices, Laroudie joignit, de très bonne heure, la pratique de la charité. Habitué à voir sa mère partager le peu qu'elle possédait avec les pauvres, il imagina le moyen suivant de faire l'aumône à son tour. Un soir, en rentrant de son travail, il dit à sa mère :

— L'écuelle dans laquelle tu me trempes la soupe est vraiment trop petite; je n'en ai jamais assez.

Aussitôt l'excellente femme se hâta de remplacer l'écuelle par une véritable marmite. Jean-Baptiste la prit avec une vive satisfaction, passa une ficelle dans les deux anses, et aussitôt, sa marmite sur le dos et son pain sous le bras, il partit pour l'atelier. Chaque soir, quand il rentrait, la marmite était vide.

— Bon Dieu, disait la pauvre femme, comme cet enfant mange ! Et pourtant il est maigre comme un coucou.

— Rien de surprenant, lui répondit une de ses

voisines; ce matin encore, je l'ai surpris vidant sa soupe dans les écuelles des pauvres du côté de la vieille Porte. »

Après sa soupe, son lit. A quelques jours de là, ayant appris qu'un voisin malade couchait sur une botte de paille, sans rien dire, Laroudie transporta son matelas, sa couverture et ses draps dans la misérable mansarde, et, de ses propres mains, y installa le malade.

En 1845, il fut exonéré du service militaire, pour rester le soutien de sa mère, chargée encore de trois enfants. Ce fut pour lui comme une vocation providentielle. Quelque temps après, sa mère ayant voulu le marier :

— Non, dit-il, le bon Dieu n'a pas permis que je parte comme soldat, il m'a laissé près de toi et de ma sœur, j'y resterai.

Il n'y avait point à combattre une détermination appuyée sur de tels motifs. Laroudie fut inébranlable ; il vécut et mourut célibataire. Pendant cinquante ans, Limoges le vit toujours revêtu d'une longue blouse et chaussé de sabots. Jamais il ne voulut échanger son costume de travail contre des habits plus élégants. Vingt fois on lui en offrit; toujours il les donna à quelqu'un de ses pauvres.

Sa journée était d'une admirable uniformité :

il se levait tous les jours à quatre heures et entendait la messe avant de se rendre à son atelier. A midi, il revenait déjeûner en toute hâte, puis il allait expliquer le catéchisme à de petits enfants. Ensuite il retournait au travail. Il quittait l'atelier à sept heures, revenait souper, puis courait faire, à ses malades et à ses pauvres, des visites qui se prolongeaient jusqu'à onze heures du soir.

Il aurait pu facilement alléger son fardeau, il ne le voulut pas. En 1865, on lui offrit un poste de confiance à Paris; il pouvait gagner quatre fois plus avec vingt fois moins de fatigue; il refusa, pour ne pas s'éloigner de sa famille et rester au service des pauvres, des malades et des enfants, auxquels il s'était voué sans retour.

Ne croyez pas que ce fût un mystique, un illuminé, un fanatique. Doué d'un parfait bon sens, il n'exagérait rien, pas même le bien. Comme on lui demandait un jour si le jeûne entrait dans ses pratiques de dévotion :

— Non, dit-il, non, je ne jeûne point, je n'en ai pas le droit, n'ayant plus de santé. Si je me privais de ma soupe le matin, je ne pourrais pas travailler autant, je volerais le patron qui me paie; ce serait très grave. L'Église me dispense du jeûne, et j'obéis à l'Église.

Sa mère, qui était d'une santé assez délicate, tomba malade et mourut le 3 janvier 1868, tranquille sur l'avenir de sa fille, qu'elle confiait à Jean-Baptiste. Plus libre, celui-ci n'en profita que pour faire plus de bien. La *Persévérance* étant devenue le *Cercle de la Jeunesse*, Laroudie demeura fidèle à cette pieuse institution ; à l'âge de près de cinquante ans, il s'institua lampiste du Cercle et alla consciencieusement tous les jours faire son service.

Depuis la mort de sa mère, il nourrissait au fond du cœur l'ambition et l'espoir d'une grande satisfaction donnée à ses sentiments religieux ; il patienta pendant quatorze ans.

Aspirer à voir les lieux saints où s'est accompli l'incomparable mystère de la vie et de la mort de Jésus-Christ, c'est un sentiment tout naturel à une âme chrétienne ; chanter Noël à Bethléem, parcourir les sentiers de la Galilée, s'arrêter aux stations douloureuses du Calvaire, gémir au Golgotha et, par la prière, s'élever jusqu'au ciel sur le Mont de l'Ascension, tel est le programme d'un pèlerinage à Jérusalem. Le cœur de Laroudie conçut et médita longtemps ce projet. Enfin, grâce à la générosité d'un riche habitant de Limoges, il put prendre part au pèlerinage entrepris en 1882 ; il partit en compagnie de deux prêtres.

En étendant sa sphère d'action, on multipliait pour lui les occasions de bien faire.

Il partit avec enthousiasme, mais convaincu qu'il ne reviendrait pas ; et, en vérité, ce ne fut pas sa faute s'il ne mourut pas dès ce premier pèlerinage où il se multipliait pour se faire le soutien des faibles et le serviteur de tous. Dans les intervalles de répit que lui laissa un effroyable mal de mer, pendant toute la traversée, il s'employa à donner aux autres malades les soins les plus empressés, portant de la tisane, faisant les lits, vidant les cuvettes. Pour apporter aux Pères Franciscains de Nazareth une plus belle offrande, il économisa les frais de transport et partit à pied de Jérusalem. Mais il faillit deux fois périr, d'abord sur un rocher qu'il avait gravi pour abréger son chemin, puis sur la route même, où il tomba exténué de chaleur, de fatigue et de faim.

Ces graves mésaventures ne purent décourager une passion si vive et si fervente qu'il fit trois fois encore le même pèlerinage. Comment n'aurait-il pas répondu à ce charmant appel du Directeur des petits Novices à Jérusalem :

— Je vous attends par la prochaine caravane ; il y aura toujours un petit coin pour vous.

Il partait donc à soixante-trois ans pour Jérusalem.

— Frère directeur, disait-il en arrivant, vous savez, il ne me faut ni chambre, ni lit; laissez seulement la Chapelle ouverte, je m'arrangerai. Le bon Dieu et moi, nous nous connaissons. »

Grâce à la longue et constante pratique du bien, il avait acquis alors la plénitude de son développement moral ; tout reflétait la noblesse de cette âme vraiment grande. Par habitude et par reconnaissance des soins donnés à ses premières années, il témoignait aux Frères des Écoles chrétiennes une déférence respectueuse, et il inclinait sa vieille tête chauve devant la robe des plus jeunes parmi ces instituteurs du peuple. Sa piété était simple, continue, sans aucun signe d'exaltation ; sa charité ne connaissait pas de bornes; sa franchise, sa cordialité, sa bonne humeur lui inspiraient un franc parler qui ne blessa jamais personne et qui laissait le regret de ne pas jouir plus souvent d'un entretien où le cœur avait toujours quelque chose à gagner. Dans sa brusquerie, il avait une éloquence naturelle qui prenait sa source dans sa foi absolue :

— Quand le bon Dieu m'inspire, je parle et je ne dis jamais que ce qu'il me suggère.

Sa sincérité rude ne connaissait aucun ménagement pour le mal; aussi son esprit de prosélytisme l'exposait à bien des mécomptes; il s'en

ÉGLISE SAINTE-CROIX, A JÉRUSALEM

consolait, et plus d'un cœur prévenu fut gagné par sa sincérité et son désintéressement.

Dans un voyage de Limoges à Marseille, il entreprit de faire de la morale à un commis-voyageur qui lui avait dit une grossière insulte; il lui parla, sans se décourager, de sa mère, de sa première communion, de la mort et du compte qu'il aurait à rendre au Souverain Juge. Embarrassé, obsédé, ahuri, bouleversé, le jeune homme prit sa valise et s'enfuit dans un autre wagon. Laroudie n'y pensait plus, quand, à Marseille, il sent qu'on le tirait par sa manche. C'était son commis-voyageur qui ne voulait pas le laisser partir sans lui dire au revoir.

— Ah! lui dit le jeune homme, vous m'avez rudement... ennuyé; mais vous avez peut-être raison. En tout cas, vous êtes un brave homme; touchez là.

— Bravo, répondit Laroudie; je vais à Jérusalem, je prierai le bon Dieu pour vous.

— On vous en dispense.

— On se passera bien de votre permission, Monsieur. Au revoir, mon ami!

— Eh bien, soit; ça ne peut toujours pas faire de mal!

L'étincelle divine venait de jaillir enfin dans les ténèbres de cette jeune âme. Ainsi la sincérité et la bonne foi du modeste apôtre commandaient le respect et l'admiration des esprits d'abord les plus hostiles.

Dans un de ses pèlerinages à Paray-le-Monial, Laroudie manqua son train à la station de Chamblet-Néris et resta sur le quai, bouche béante et les yeux fixés sur les wagons qui disparaissaient à l'horizon. Témoins de son naïf désappointement, les ouvriers d'un chantier voisin riaient en lui lançant quelques sarcasmes de mauvais goût.

— Allons, leur dit-il, vous trouvez que c'est drôle. Eh bien non ; c'est le bon Dieu qui a permis cela pour que je puisse vous apprendre ce que vous ne savez pas. Croyez-vous que je sois un rentier qui voyage pour son agrément? Non, je suis un ouvrier comme vous, pauvre comme vous, plus pauvre que vous; regardez mes mains et ma blouse. Eh bien, quand j'ai un gros chagrin, quand la besogne diminue, quand le pain manque à la maison, quand le cœur faiblit, au lieu de jurer et de maudire mon patron, je songe à Paray-le-Monial, et je me dis : « Attends ! tu iras bientôt et tu y retrouveras la confiance en Dieu, soutien des pauvres et des ouvriers. »

» Vous me direz que je pourrais prier le bon Dieu à Limoges aussi bien qu'à Paray. C'est vrai et ce n'est pas vrai. Mon église suffit à la prière de tous les jours ; Paray, c'est pour les grandes occasions, quand j'ai besoin d'un grand coup d'épaule.... Ah! mes amis, comme je plains les pauvres gens qui rient de tout cela par ignorance et qui, après une journée de fatigue, rentrent chez eux le vide dans l'âme et souvent le désespoir au cœur ! »

A mesure qu'il parlait, sa voix vibrait d'émotion ; les ricanements cessaient, la sympathie succédait au dédain et ramenait peut-être au bercail quelques brebis qui n'attendaient qu'un mot pour suivre le bon Pasteur.

Vers la fin de septembre 1889, par une journée d'une chaleur écrasante, Laroudie, qui était allé voir des parents à Solignac, se sentit très fatigué, le soir en se couchant. Le lendemain, il ne put sortir et se mit au lit avec une petite fièvre qui ne le quitta plus. Deux jours après, ne se trouvant pas mieux, il demanda les Sacrements, ou comme il disait : « mes Sacrements. »

Il traîna ainsi deux mois encore, recevant de tous ceux qui l'avaient connu des visites et des témoignages d'affection qu'il accueillait avec affabilité. Tous les soirs, il aimait à voir venir, pour veiller sur lui, une des Petites-Sœurs de Limoges ; il disait :

— Ce sera peut-être pour cette nuit; je ne veux pas mourir sans qu'elle soit là.

Suivant son désir, il fut enseveli dans la robe de bure des Franciscains, les reins ceints d'une corde, les mains jointes et tenant un crucifix. Réprouvant l'extravagance païenne de la mode, qui prodigue les fleurs sur les cercueils, il disait :

— Pas plus de bouquets que de couronnes; ce sont des prières qu'il me faut.

Telle est la vie exemplaire d'un ouvrier catholique; elle prouve que le culte du devoir ancré dans le cœur par l'éducation première et entretenu par l'amour de Dieu est un préservatif infaillible contre toutes les défaillances, et rend l'homme capable des plus grandes choses.

Un des enseignements présents de cette pieuse existence, c'est la démonstration nouvelle de cette vérité, que dans la vie chrétienne les plus humbles travaux s'accordent avec les pensées les plus hautes : l'amour de Dieu comble la distance et fait le lien.

Les conclusions pratiques de ce noble enseignement sont simples et fécondes : la richesse de l'ouvrier, ce n'est pas un gros salaire, c'est la sobriété et le dédain du luxe. — Par le gaspillage, la vie est une gêne incurable, un véritable enfer. — Par la prière, entrent dans le cœur le courage qui donne la joie dans la prospérité, la résignation et l'espoir dans les heures d'angoisse et de misère. Seul, l'ouvrier chrétien accepte la loi du travail avec un noble orgueil ; et voilà comment l'Église résout la question sociale mieux que tous les congrès de Berlin et autres.

FIN

Lille. Typ. J. Lefort. 1892

118

www.ingramcontent.com/pod-product-compliance
Lightning Source LLC
LaVergne TN
LVHW020159100426
835512LV00035BA/1121